# CANAL DE LA BOURNE

# RAPPORT

DE LA

# COMMISSION MUNICIPALE

# CANAL DE LA BOURNE

# RAPPORT

DE

# LA COMMISSION MUNICIPALE

VALENCE
IMPRIMERIE JULES CÉAS & FILS
RUE DE L'UNIVERSITÉ, 9

1865

# CANAL DE LA BOURNE

# RAPPORT

## DE LA COMMISSION MUNICIPALE

MESSIEURS,

Dans une précédente séance à la date du 4 octobre dernier une proposition simple, en apparence, mais délicate, grave et sérieuse en réalité, vous était soumise. Il s'agissait d'obtenir de vous un concours efficace et direct pour l'établisement d'un ouvrage non moins précieux pour l'agriculture qu'important par le grandiose de l'entreprise même. Et dans ce zèle ardent et éclairé qui vous anime toujours pour le bien public, vous fûtes tous également empressés à vous associer à l'exécution d'une œuvre que patronaient vos plus vives sympathies ; hommes d'intelligence non moins que de progrès, vous. aviez, tous, entouré de vos vœux de prospérité le beau projet de canalisation de la Bourne, ce grand travail objet de tant et de si savantes études et dont tous nous pouvions espérer la fortune de nos campagnes. Tous vous compreniez, en effet, Messieurs, la puissance d'un pareil auxiliaire pour l'agriculture et l'industrie ; et ce que l'homme public appelait comme un bienfait social, plusieurs d'entre vous agissant dans la sphère de l'homme privé, s'empressaient d'y concourir en souscrivant personnellement comme acquéreurs de cette eau, objet de tant de travaux et de vœux.

Mais le mandataire de la cité ne devait pas seulement apporter à la poursuite du résultat désiré sa part de vœux et d'espérances, il lui était encore demandé une part d'action plus positive et plus féconde. L'homme privé devait s'effacer pour faire place à l'homme public et sans cesser d'être aussi ardents les vœux du représentant de la commune ne devaient se produire que dominés par une question supérieure, cette suprême loi de tous ses actes, l'intérêt bien compris du pays.

Dans la communication qui vous était faite le 4 octobre 1864 on vous demandait, au nom de MM. Dussard et Sellier, futurs concessionnaires de l'entreprise, de prendre une délibération dans des termes qui vous parurent pouvoir entraîner pour la commune une responsabilité dans laquelle vous pensiez ne pas devoir l'engager. Soigneux, comme toujours, des intérêts si graves qui vous sont confiés, vous ne voulûtes vous prononcer qu'après un examen sérieux de l'affaire : vous nommâtes alors une commission pour l'étudier : elle l'a fait comme le commandaient le mandat que vous lui avez donné et l'importance même du sujet, et c'est son rapport, dont elle a bien voulu me confier la rédaction, que j'ai l'honneur de vous soumettre.

Il n'entre point, Messieurs, dans le cadre restreint d'un rapport de faire ici l'historique des différents projets, élaborés depuis plus d'un demi-siècle, pour canaliser, au profit des campagnes à l'Est de Valence, les eaux de la rivière de la Bourne. Il n'est pas une seule des administrations préfectorales s'étant succédées depuis plus de cinquante ans dans le département de la Drôme qui n'ait tenté les plus honorables efforts pour amener cet heureux résultat. C'est qu'il n'est personne qui ne comprenne ce qu'il y a de trésors à espérer d'un cours d'eau important, pouvant, tout à la fois, suffire à l'irrigation de plus de vingt mille hectares et fournir à l'industrie l'immense ressource de moteurs hydrauliques puissants et nombreux. Et si des obstacles alors impossibles à franchir avaient, jusqu'à ce jour, empêché l'heureuse réalisation d'un projet si riche en promesses de fécondité, les difficultés vaincues par l'étude et la science semblaient enfin aplanies; l'établissement du Canal si désiré était comme un problême résolu et tout semblait couronner nos vœux et nos espérances, quand une difficulté nouvelle, qu'il n'était donné à personne de nous de prévoir et encore moins de conjurer, est venue nous faire d'autant plus douloureusement rétrograder vers le point de départ, que nous nous étions crus plus près du but, ce but poursuivi depuis 1811, avec tant de généreux efforts et de laborieuses persévérances.

Vous le savez, en effet, Messieurs, de savantes études avaient démontré la possibilité d'établir la canalisation désirée, et là n'était plus la difficulté qui résidait tout entière dans le mode d'opérer ce grand ouvrage. Plusieurs projets avaient été infructueusement discutés, mis à l'essai même, et ces essais étaient demeurés stériles, quand, à la date du 15 juillet 1864, un avis de M. le Préfet de la Drôme vint apprendre aux populations des vingt communes intéressées à la réussite de la canalisation que MM. Dussard et Sellier, concessionnaires du Canal de Verdon dans le département des Bouches-du-Rhône, se présentaient pour exécuter le Canal de la Bourne à des conditions que vous n'avez point oubliées, sans doute, mais qu'il est utile, cependant, de vous rappeler sommairement.

Aux termes des conditions énoncées dans l'avis de M. le Préfet et reproduites dans le cahier des charges, MM. Dussard et Sellier se chargeaient de faire, à *leurs frais, risques et périls*, tous les travaux du canal principal, des branches secondaires et même des rigoles tertiaires de manière à amener l'eau en tête des terres à arroser, sans que les propriétaires de ces terres aient aucune dépense à supporter, les frais d'administration, d'entretien et de réparations devant rester à la charge des concessionnaires.

Et, pour se couvrir de leurs dépenses, les concessionnaires devront recevoir de l'Etat une subvention de quinze cent mille francs et percevoir pendant cinquante ans une redevance qu'aura à payer chaque acquéreur d'eau ; puis on lit à l'article 11ᵉ de cet avis la disposition suivante :

« Après 50 ans, le Canal appartiendra aux communes
» dans la proportion des redevances souscrites sur le
» territoire de chacune d'elles, sans que les communes
» aient aucune indemnité à payer. »

Telles sont, Messieurs, les principales conditions posées par MM. Dussard et Sellier, consignées tout à la fois dans l'avis préfectoral du 15 juillet 1864, et dans le projet du cahier des charges, telles, au surplus, qu'elles avaient été acceptées par le Conseil général de la Drôme, dans sa session d'août dernier.

Voilà donc les obligations et les droits des concessionnaires et des arrosants bien définis. Les souscriptions, nous a-t-on dit, se produisaient en nombre qui permettait de penser que le chiffre minimum posé par les concessionnaires serait bientôt dépassé, et tout permettait d'espérer une prochaine exécution de l'entreprise quand, à la date du 4 octobre dernier, M. le Maire de Valence, vous donna connaissance d'une dépêche qu'il avait reçue de M. le Préfet de la Drôme, renfermant le projet de délibération que voici textuellement :

« L'an 1864, le......... mois à..... heure de relevée,
» le Conseil municipal de la commune de......... s'est
» réuni dans le lieu ordinaire de ses séances en vertu
» de l'autorisation de M. le Préfet, en date du.........
» étaient présents......... M......... maire, Président,
» MM......... »

« La séance ouverte, M. le Président donne lecture
» d'une lettre de M. le Préfet, relative au Canal de la
» Bourne, et rappelant les propositions faites par
» MM. Dussard et Sellier, demandeurs en concession.

» Après discussion, le conseil prend à l'unanimité la
» délibération suivante :

» 1° Les propositions de MM. Dussard et Sellier,
» telles qu'elles sont contenues dans l'avis de M. le
» Préfet du 15 juillet, sont acceptées ;
» 2° En conséquence, la commune de .......... fera
» partie du syndicat du Canal de la Bourne, dont la
» constitution est sollicitée de M. le Préfet, sur les
» bases proposées par MM. Dussard et Sellier ;
» 3° M. le Maire a tous les pouvoirs pour repré-
» senter la commune de ........ dans le syndicat et
» pour poursuivre sa constitution. »

Tel est en son entier, Messieurs, et dans son texte exact, le projet de délibération qui vous fut envoyé par M. le Préfet, accompagné d'une première lettre de ce haut fonctionnaire et suivie peu après d'une deuxième lettre de ce même administrateur ainsi que d'une lettre de M. Sellier écrite de Paris et adressée à M. le Préfet.

Ces lettres, il est utile de les connaître. Permettez-moi de les mettre sous vos yeux.

Les voici dans l'ordre que la discussion nécessite de leur donner et dans l'intégrité de leur texte :

Valence, 30 août 1864.

MONSIEUR LE MAIRE,

Le Canal de la Bourne, que les populations ont depuis longtemps appelé de leurs vœux, est à la veille de recevoir son exécution ; les souscriptions recueillies jusqu'à ce jour en sont le meilleur garant.

Par l'avis que j'ai fait afficher dans toutes les communes le 15 juillet dernier, vous connaissez les propositions de MM. Dussard et Seillier, demandeurs en concession du Canal.

Ces propositions réservent aux communes traversées la propriété dudit Canal au bout de 50 ans.

Pour assurer l'application de cette clause, les communes doivent se réunir en un syndicat composé du maire et de cinq membres nommés par moi.

La mission de ce syndicat consistera :

1° A concourir avec les concessionnaires à la rédaction des rôles de redevances et à l'établissement des réglements à intervenir pour l'usage de eaux ;

2° A veiller à l'entretien et à la construction du Canal et de ses dépendances, et à poursuivre la répression des entreprises qui pourraient leur nuire et à la réparation des dommages qui leur seraient causés ;

3° A surveiller le recouvrement des redevances et de toute somme due ;

4° A donner son avis sur tous les intérêts de la communauté, lorsqu'il sera consulté par l'administration et à proposer tout ce qu'il croira utile à l'association ;

5° A contracter tous emprunts autorisés par le préfet, en vertu du décret du 25 mars 1852 ;

6° A contrôler et vérifier le compte administratif du syndic-directeur, ainsi que la comptabilité de l'association.

Vous savez, M. le Maire, que les syndicats sont des personnes morales et que les membres sont des mandataires fonctionnant comme les administrateurs d'une compagnie anonyme, sans autre responsabilité que celle de l'exécution de leur mandat. Et, bien que dans 50 ans votre commune soit appelée à recueillir proportionnellement aux redevances les bénéfices du Canal, elle ne restera pas moins *indépendante* et *irresponsable* des opérations du syndicat, lesquelles, je le répéte, n'entraînent elles-mêmes la responsabilité personnelle d'aucun de ses membres.

C'est pourquoi, etc. *(Voir le texte du projet de délibération plus haut transcrit* IN EXTENSO.*)*

Une deuxième lettre de M. le Préfet, en date du 29 septembre, contient le passage suivant :

Je vous rappelle, M. le Maire, ce que j'ai eu l'honneur de vous expliquer, qu'il n'y a *aucun engagement pour la commune* dans l'emprunt du syndicat, les produits du Canal qui font l'objet de l'association devant seuls faire face au remboursement de ces emprunts. MM. Dussard et Sellier m'ont d'ailleurs déclaré formellement par lettre du 26 septembre qu'ils renonceraient à réclamer du syndicat le vote du moindre emprunt, si le crédit foncier venait à exiger une responsabilité ou une solidarité quelconque des communes.........

Au surplus, vous le savez, la loi du 18 juillet 1837 exige, pour le vote des emprunts et des impositions concernant les communes, le concours des plus imposés aux délibérations, et cette assistance n'a pas lieu pour la délibération relative au syndicat de la Bourne.

Enfin, avec ces deux lettres se trouvait la copie de celle adressée le 26 septembre par MM. Dussard et Sellier à M. le Préfet, et dont voici le contenu :

Paris, 26 septembre 1864.

Monsieur le Préfet,

Pour transmettre au bout de 50 ans la propriété du Canal de la Bourne aux communes situées dans son périmètre, il nous faut pouvoir amortir, dans la même période, le capital employé à l'établissement du Canal. C'est pourquoi nous demandons la constitution d'un syndicat *chargé d'emprunter* au crédit foncier le capital des redevances.

Ces emprunts du syndicat ne doivent entraîner aucune *responsabilité pour les communes,* les membres du syndicat agissant comme des administrateurs de sociétés anonymes et ne contractant aucun engagement personnel.

Cependant quelques craintes, à cet égard, se sont manifestées dans le sein de plusieurs conseils municipaux. Nous venons les faire cesser par une déclaration catégorique.

Non-seulement nous rappellerons que les emprunts communaux ne peuvent 'être contractés que par un vote du Conseil municipal, approuvé par l'autorité supérieure, mais encore nous dirons que nous renonçons, d'une manière expresse, à réclamer du syndicat de voter le moindre emprunt si le crédit foncier vient à exiger une responsabilité ou une solidarité quelconque des communes, et nous nous interdisons le droit de nous prévaloir de tout vote du syndicat qui pourrait avoir pour conséquence d'engager les communes.

Signé : SELLIER.

Telles sont, Messieurs, les lettres de M. le Préfet, telle est la lettre de M. Sellier, tel est aussi l'ensemble de leur esprit qu'elles tendent à amener les communes à se constituer en syndicat sous l'assurance réitérée que leur responsabilité ne saurait être engagée.

Au simple exposé de la proposition qui vous était faite après la lecture des lettres qui précédent, et ensuite de très judicieuses réflexions de M. le Maire, vous fûtes frappés, Messieurs, de ce qu'il y avait de contraire, tout au moins en apparence, entre le projet de délibération qui vous était adressé et les conditions posées par MM. Dussard et Sellier, soit devant le Conseil général, soit dans l'avis préfectoral du 15 juillet 1864 et soit enfin dans le projet du cahier des charges qui était la loi des parties. Hommes sérieux et mandataires prudents, vous voulûtes, comme toujours, ne prendre qu'une détermination éclairée par une étude consciencieuse de l'affaire.

Tout d'abord, en effet, vous apparaissait cette question capitale : le Conseil municipal, en sanctionnant par son vote une délibération prise dans les termes du modèle envoyé, n'exposera-t-il pas la commune à une garantie pour l'établissement d'un Canal que les concessionnaires s'étaient engagés à faire à leurs frais, périls et risques, garantie d'autant plus à redouter que le chiffre où elle pourrait s'arrêter était plus difficile à connaître ?

Cependant vous aviez à cœur de coopérer de toutes vos forces à un travail dont tous vos vœux appelaient la réussite, et, conciliant cette ardeur de vos aspirations pour la canalisation de la Bourne avec ce que commandait une élémentaire prudence, vous consentîtes à consacrer par votre vote le projet de délibération envoyé, mais en le modifiant cependant par la rédaction suivante :

« La séance étant ouverte, M. le Maire a donné lec-
» ture : 1° de la lettre de M. le Préfet en date du 30
» août dernier relative au Canal de la Bourne et rap-
» pelant les propositions faites par MM. Dussard et
» Sellier, telles qu'elles sont contenues dans leur de-
» mande en concession. (*Cette lettre ainsi conçue, etc.*)

» 2° D'une autre lettre de M. le Préfet en date du
» 29 septembre et ainsi conçue, etc. (*Suit la teneur de
» la lettre.*)

» 3° D'une lettre adressée le 26 du même mois par

» MM. Dussard et Sellier à M. le Préfet et qui est
» ainsi conçue, etc. (*Suit la teneur de la lettre.*)

» Considérant qu'il résulte de la lettre de M. le
» Préfet du 29 septembre dernier et de celle de
» MM. Dussard et Sellier du 26 du même mois, qu'en
» cas d'emprunt de la part du syndicat, il ne devra en
» résulter aucun engagement de la part de la com-
» mune, les produits du Canal qui font l'objet de l'as-
» sociation devant seuls servir et être engagés pour faire
» face au remboursement de cet emprunt, sans res-
» ponsabilité ni solidarité de la part de la commune.

» Le Conseil municipal a pris la délibération sui-
» vante :

» 1° Les propositions de MM. Dussard et Sellier,
» telles qu'elles sont contenues dans l'avis de M. le
» Préfet du 15 juillet dernier, sont adoptées.

» 2° En conséquence, la commune de Valence fera
» partie du syndicat du Canal de la Bourne, dont la
» constitution est sollicitée de M. le Préfet sur les
» bases proposées par MM. Dussard et Sellier.

» 3° M. le Maire a tous pouvoirs pour représenter
» la commune de Valence dans le syndicat et pour
» poursuivre sa constitution.

» 4° En cas d'emprunt de la part du syndicat en-
» vers le crédit foncier ou de tout autre caisse publi-
» que, la commune ne sera tenue à aucun engage-
» ment, de conformité aux lettres de M. le Préfet et de

» MM. Dussard et Sellier, les produits du canal qui fait
» l'objet de l'association devant seuls être engagés
» et servir à faire face au remboursement de ces em-
» prunts, sans *responsabilité ni solidarité aucune de la*
» *part de la commune.* »

Tel fut, Messieurs, le projet de délibération que nous proposa M. le Maire, et que vous acceptiez parce que là se trouvaient des éléments de sécurité qui vous rassuraient contre toute pensée d'engagement de garantie par la commune.

Et cette rédaction de votre délibération, que commandait l'intérêt bien compris de la commune, pouvait-elle être un obstacle à ce que MM. Dussard et Sellier attendaient de la constitution d'un syndicat ?

Vous ne l'aviez pas pensé ainsi, et évidemment il n'aurait pu venir à l'esprit de personne de se prononcer pour l'affirmative en présence des assurances si positives contenues tant dans les lettres des demandeurs en concession, que dans celles de M. le Préfet, où l'on lit plusieurs fois répété, qu'il « n'y a
» aucun engagement pour la commune dans l'em-
» prunt du syndicat, les produits du Canal devant
» seuls faire face au remboursement de cet em-
» prunt.

Et cependant, vous le savez, Messieurs, votre projet de délibération dans les termes que nous venons de rappeler fut repoussé au nom de MM. Dussard et

Sellier comme étant un obstacle absolu à l'exécution de leur entreprise ou tout au moins du but qu'ils se proposaient.

Un refus de ce genre, dans de tels termes, avait lieu de vous surprendre ; car il était difficile, en effet, de lui trouver une raison d'être acceptable. Un simple raisonnement qui se présentait à l'esprit de chacun de vous donnait à la question la désolante inflexibilité d'un dilemme.

En effet, disiez-vous, ou la commune ne contracte qu'un engagement purement moral, sans aucune autre garantie ni solidarité, et alors quel inconvénient y a-t-il à le mentionner dans les termes que nous proposons ?

Ou bien on veut que, par sa participation au syndicat, elle apparaisse au moins comme engagée et responsable, et dans ce cas la loyauté comme la vérité ne commandent-elles pas que le prêteur soit averti et ne puisse ignorer que la commune refuse de s'engager ?

Ce langage, Messieurs, était trop logique pour qu'il ne semblât pas qu'il n'y avait plus qu'à le consacrer par une délibération. Vous ne le fîtes cependant pas, et dans votre patriotique désir de voir mener à bonne fin une entreprise objet de vos plus vives sympathies, vous voulûtes sa isfaire à vos plus honnêtes scrupules et examiner la question sous toutes ses faces ; votre commission, s'inspirant des sentiments qui sont ceux du Conseil, a étudié avec un soin consciencieux la question qui nous occupe et, en son nom, j'ai à constater qu'après une étude et un examen sérieux elle n'a pu qu'arriver à cette conviction que la décision que vous vouliez prendre le 4 octobre dernier était un acte de haute sagesse non moins que de délicate probité, et que l'adhésion du Conseil municipal telle qu'elle lui était demandée au projet de délibération envoyé le 30 août dernier, eût eu pour effet incontestable d'engager la commune dans une responsabilité d'autant plus dangereuse que le terme ne peut, même approximativement, en être aperçu.

Cette dernière opinion n'était point, cependant, celle du premier magistrat du département, consignée dans ses lettres des 30 août et 29 novembre derniers.

Elle n'était pas partagée non plus par MM. Dussard et Sellier.

Et, quelle que soit la réserve que devait inspirer la haute appréciation de M. le Préfet, votre commission, en la discutant comme toute appréciation humaine, a dû rechercher où se trouvait l'erreur et où se tenait la saine opinion.

Et d'abord elle a dû se demander ce que c'est qu'un syndicat.

Dans son acception générique, un syndicat est la représentation de tous les intérêts publics ou privés qui ont à centraliser une action commune que règlent,

2

d'ordinaire, les dispositions de lois spéciales telles que la loi de floréal an XI et surtout la loi de 1807 qui embrasse un si grand nombre d'intérêts divers et qui s'applique plus spécialement dans les cas où il s'agit de la sécurité et de la salubrité publiques ; c'est ainsi que la plupart des cours d'eau sont surveillés, entretenus, combattus dans leurs écarts par des syndicats formés de mandataires des riverains intéressés.

Mais on ne se syndique pas pour une entreprise ayant un but de pure spéculation. Ainsi pas de syndicat pour la construction d'un chemin de fer ; on s'associe et l'association est régie dans des conditions déterminées par les parties intéressées, avec la haute intervention du gouvernement.

Il en est encore ainsi d'une commune voulant opérer par elle-même, sans le concours des localités étrangères, des travaux qu'elle croit utiles à sa prospérité. Dans ce cas, elle demeure libre dans son action comme dans ses moyens, administrant comme vous l'avez fait, par exemple, pour l'établissement de vos fontaines et ainsi que le fait la ville d'Aix pour la création du Canal d'irrigation dont elle veut doter ses campagnes.

Mais il en est autrement, lorsque des communes diverses possèdent des biens, des droits indivis, et qu'elles ont un intérêt commun. On comprend, en effet, qu'alors l'action de l'une ne peut être exclusive de l'action de l'autre, et qu'il faut les centraliser dans un être moral qui les représente l'une et l'autre. Cet être moral, cet administrateur légal, c'est le syndicat tel que le prescrit et le détermine l'art. 70 de la loi du 18 juillet 1837.

L'administration est donc une conséquence de la possession. Administrer, voilà la mission du syndicat. Mais, où il n'y a pas de possession, l'administration n'est plus possible, et sans administration point de syndicat, à moins toutefois qu'on ne donne ce nom à une commission administrative formée dans un but unique de contrôle et de haute surveillance ; ce qui n'est point le cas ici, puisque le principal objet du syndicat proposé était de contracter, *à toute réquisition de MM. Dussard et Sellier, soit pendant la construction, soit après l'achèvement des travaux, un ou plusieurs emprunts successifs.* (Art. 17 de l'arrêté préfectoral constitutif du syndicat.)

Et encore ce syndicat, tel qu'il est constitué, n'est-il point établi de conformité aux prescriptions de la loi municipale précitée.

Or, d'après les conditions énoncées dans l'avis préfectoral du 15 juillet 1864, tout comme dans le cahier des charges, ce n'est qu'après 50 ans que le Canal deviendra la propriété des communes ; ce n'est donc qu'alors et alors seulement que, devenues *propriétaires,* ces communes auront à administrer. Pourquoi donc vouloir, dès aujourd'hui, les constituer en un syndicat

éphémère, quant à son action, et les substituer aux concessionnaires, si ce n'est pour les engager, concurrem-
ment avec ceux-ci, dans les emprunts qu'il conviendra
à ces derniers de contracter ?

Un syndicat composé de délégués des communes,
représente ces mêmes communes ; il est leur mandataire, et comme tel engage ses mandants. Or, nous
venons de le rappeler, aux termes du projet d'arrêté de
M. le Préfet de la Drôme, réglementaire du syndicat,
ce même syndicat « sera tenu, dès que MM. Dussard
» et Sellier en feront la demande, de *contracter au*
» *crédit foncier de France...* soit pendant la construc-
» tion, soit après l'achèvement des travaux, un ou
» plusieurs emprunts successifs, etc. »

Maintenant, Messieurs, pesez les termes mêmes de
ces articles ; ils sont assez explicites pour ne laisser
aucun doute. C'est le syndicat qui, sur la demande de
MM. Dussard et Sellier, devra contracter tel emprunt
que ces Messieurs jugeront convenable ; et qui donc en
sera responsable, sinon le syndicat qui les aura contractés et par suite les communes qu'il représente ?

Il est donc bien vrai de dire qu'en consacrant par son
vote la délibération proposée dans les termes où elle
l'a été, le Conseil municipal aurait engagé la commune
dans une incontestable responsabilité ; et à ceux qui
pourraient le contester, il suffirait de répondre par la
simple lecture de l'avis préfectoral du 15 juillet 1864,
où l'on lit, 3ᵉ ligne :

» La dernière tentative ( d'établissement du canal ),
» faite en 1860 et 1862, est demeurée infructueuse,
» parce que le système adopté de syndicat des sous-
» cripteurs *entraînait* une *responsabilité*, une *soli-*
» *darité* dont les conséquences ne pouvaient être cal-
» culées et que repoussaient nécessairement la plu-
» part des intéressés qui ne voulaient pas se jeter dans
» une dépense dont le chiffre ne pouvait être précisé
» d'avance. »

Ainsi, la crainte de la responsabilité et de la solidarité qu'entraînait un système de syndicat empêchait
les souscripteurs d'eau d'y consentir ; et pourquoi
cette responsabilité, cette solidarité, qu'on reconnaît
avoir justement retenu les intéressés, ne devaient-elles
pas avoir le même effet pour les communes ? L'ana-
logie entre les deux cas n'est-elle pas complète ; ce qui
était vrai en 1860 et 1862, peut-il ne plus l'être aujourd'hui ?

En présence de tant de motifs qui militent si péremptoirement en faveur de l'appréciation émise par
votre Commission, il semble qu'il serait surabondant
de rien dire de plus, et cependant, Messieurs, il est
un dernier argument à vous présenter, et celui-là sera
sans réplique possible. Certes, Messieurs, personne ne
pouvait être meilleur juge de la question que le crédit
foncier lui-même ; à lui, en effet, il appartenait de savoir
et proclamer la part de responsabilité qu'il exigerait des

communes dans l'hypothèse du syndicat proposé.

Partant de ce principe, M. le Maire de Valence s'est adressé à M. le Gouverneur du crédit foncier en lui faisant un sommaire, mais lucide exposé, de la situation et le priant de lui faire connaître son sentiment touchant la part de responsabilité qui pourrait incomber à la commune syndiquée. Et le 3 novembre dernier, M. le Sous-Gouverneur du crédit foncier de France adressait à M. le Maire une réponse dont nous devons vous faire connaître la partie essentielle.

Après des considérations générales sur le projet de canalisation de la Bourne, M. le Sous-Gouverneur du Crédit foncier, répondant plus directement à la partie essentielle de la missive de M. le Maire, s'exprime ainsi:

« J'ai l'honneur de vous faire remarquer que le
» crédit foncier de France ne pourrait qu'applaudir à
» la pensée de faire servir une entreprise d'utilité
» générale, comme un Canal d'irrigation à doter,
» pour l'avenir, les communes situées dans le péri-
» mètre d'un revenu obtenu sans sacrifice.

» Mais la combinaison projetée pour le Canal dont
» il s'agit paraît difficile à réaliser, si les communes
» *répudient toute espèce de responsabilité*, c'est-à-dire
» *le seul motif qu'il y ait à leur intervention.* »

Ainsi donc, vous le voyez, Messieurs, le crédit foncier le déclare nettement : le seul motif de l'inter-

vention des communes dans le syndicat, ce serait leur
responsabilité. Vous aviez donc raison de le penser
ainsi, et vous ne saurez trop vous applaudir de la
sagesse qui vous a dicté la conduite que vous avez
tenue.

Faudrait-il, Messieurs, vous arrêter à ce qui a été
dit, que Messieurs Dussard et Sellier protestaient
vouloir dégager la commune de toute responsabilité
du chef du syndicat, prétendant en demeurer seuls
chargés. Certes, Messieurs, ce ne serait en réalité que
l'exécution des conventions par eux posées, et la
commission n'a pas de motif pour refuser créance
à la sincérité de cette proposition. Cela pourrait être
exécuté sans doute dans les rapports de la commune
avec MM. Dussard et Sellier; mais il ne saurait en être
de même dans les rapports du syndicat avec les tiers,
soit crédit foncier ou tout autre prêteur, qui, étranger
aux accords de la commune et du syndicat, resterait
dans son droit et réclamerait soit au syndicat, soit à la
commune qu'il représenterait, l'exécution des engagements pris.

La déclaration faite par MM. Dussard et Sellier, dans
leur lettre du 26 septembre, qu'ils entendent renoncer
d'une manière expresse à réclamer du syndicat de
vôter le moindre emprunt, si le crédit foncier vient à
exiger une responsabilité ou une solidarité quelconque
des communes. n'a pas d'existence possible en pré-

sence de la lettre de M. le Sous-Gouverneur du crédit
foncier.

Faut-il s'arrêter davantage à cette objection que les
communes ne peuvent emprunter qu'avec le concours
des plus imposés appelés à en délibérer avec le Conseil municipal, et que par là elles ne pourraient agir
qu'en connaissance de cause ? Sans doute ce pourrait-
être un correctif, mais que deviendrait alors la dispo-
tion du règlement du syndicat qui veut que ce syndicat
ne puisse se refuser à contracter tout emprunt demandé par MM. Dussard et Sellier, ou quelle serait
donc l'action du Conseil municipal dans de telles conditions ? Ne serait-ce pas là la lutte de deux forces se
neutralisant l'une par l'autre, ou si l'une des deux doit
succomber, l'objection ne tombe-t-elle pas avec ?

Mais ici, la loi du 18 juillet 1837 répond péremptoirement, en n'imposant le concours des plus imposés aux
rôles de la commune, dans les cas d'emprunt à contracter, que pour les communes dont les revenus sont
inférieurs à cent mille francs. Or, tel n'est point le cas
de la commune de Valence, dont le revenu est bien
supérieur et qui par là échappe à l'obligation imposée
par l'art. 42 précité, et n'a besoin, pour voter un emprunt, que d'une délibération de son Conseil municipal
avec la consécration de l'autorité supérieure. Ainsi
donc disparait encore cette objection comme le feront
aussi celles qui vont suivre.

Il est vrai que pour MM. Dussard et Sellier on a
ajouté encore que si, à tout évènement, les communes
étaient engagées, elles trouveraient toujours une garantie suffisante dans le montant des redevances.

Cette réponse est plus spécieuse que fondée. Et, en
effet, l'entreprise dont il s'agit n'est-elle pas, comme
toutes celles de ce genre, soumise à des chances plus
ou moins favorables, à des éventualités que toute la
prévision humaine ne saurait conjurer. L'imprévu n'est-
il pas là avec tout ce qu'il a d'évènements possibles à
sa suite, n'est-ce pas là comme un *alea* dont un Conseil municipal prudent ne saurait prendre la grave
responsabilité.

Or, il est incontestable que dans l'entreprise de canalisation de la Bourne il existe des éventualités de perte
que le cahier des charges même prévoit. On lit, en effet, à son article 33ᵉ : « si la suspension absolue des eaux
» périodiques durait pendant deux mois consécutifs,
» entre le 1ᵉʳ mai et le 1ᵉʳ septembre, il serait fait re-
» mise de la *redevance* entière de l'année.

» En cas de diminution ou de suspension tempo-
» raire dans le service des eaux des usines, il sera
» accordé aux propriétaires ou fermiers de ces usines
» une réduction de 75 centimes par jour, par force
» de cheval supprimé, lorsque cette diminution ou
» suspension aura été régulièrement constatée. »

Ainsi donc, voilà énoncées, prévues par le cahier

des charges des causes de perte, de diminution dans
les redevances, et combien d'autres peuvent encore
se produire ! Mais, si ces redevances ne sont pas ac-
quittées , l'intérêt et l'amortissement des emprunts
continuant à courir, qui donc aura à les supporter,
sinon le syndicat et pour lui les communes qu'il représente ?

Telle serait cependant, Messieurs, la condition qui
aurait été faite aux communes constituées en syndicat,
que pour elles il n'y eût eu que chances de pertes
sans compensation par la possibilité d'un bénéfice
actuel, mais seulement problématique dans cinquante
ans.

Mais, pourquoi donc alors ces mêmes communes, au
lieu de s'adjoindre à un tiers pour le couvrir de leur
responsabilité et lui assurer un crédit dont seul il aurait le bénéfice, n'eussent - elles pas agi par elles-
mêmes sans autre concours que celui de leur association syndicale, s'assurant ainsi la propriété des bénéfices possibles sans aggravation de responsabilité pour
les évantualités malheureuses ?

Énoncer cette proposttion, n'est-ce pas répondre
péremptoirement à toute prétention contraire et dé-
montrer de plus fort l'incontestable sagesse de votre
appréciation.

Et enfin, Messieurs, et à titre de dernière considé-
ration, il ne vous aura point échappé qu'un acte qui

engagerait la commune dans les conditions signalées
. ne serait pas seulement un acte d'incurie et de mau-
vaise administration, mais encore un acte d'injustice.
La commune de Valence est essentiellement urbaine.
— Sans aucun doute ses habitants ruraux ont droit à
la même protection, aux mêmes bénéfices que ceux de
l'intérieur de la cité. Et cependant un engagement de
la commune, tel qu'il a été demandé, aurait pour résultat de détruire cet équilibre, cette parité de droits.
Et en effet, si bien la création du canal de la Bourne
est à juste titre considérée comme un bienfait public,
il est cependant vrai de dire qu'en réalité ce sera plus
spécialement un bénéfice pour ceux qui pourront en
arroser leurs terres. Or, les habitants de l'intérieur de
la ville ne pourront certes pas jouir de cet avantage
exclusif aux propriétés rurales : d'où il résulterait que
vingt mille citoyens urbains, assujettis aux charges de
l'octroi, des logements militaires, et n'ayant personnellement aucun intérêt dans l'entreprise, auraient cependant encore à payer pour une chose profitable seulement à des concitoyens qui, en dehors du rayon de
l'octroi, n'ont à satisfaire à aucune des charges municipales que nous venons d'indiquer.

Et il pourrait en résulter ce fait des plus graves,
qui a frappé votre commission, comme il vous impres-
sionnera vous-mêmes, que la ville, s'engageant pour
un emprunt considérable, indéterminé, pendant cin-

quante années, pour le profit exclusif de quatre ou cinq
cents intéressés qui ne veulent subir aucune chance
d'alea, à raison des avantages considérables qui leur sont
offerts, elle se trouvât paralysée plus tard dans ses
moyens d'action, lorsqu'elle aura besoin de contracter
de nouveaux emprunts dans l'intérêt général de la cité
et de la commune.

Vous le voyez donc, Messieurs, à quelque point
de vue qu'on envisage l'affaire, on arrive forcément
à cette conviction, qu'accéder ainsi qu'on le demandait
à la délibération proposée par l'envoi préfectoral du 30
août, eût été une regrettable erreur de votre part. Mais
cette erreur vous ne l'avez point commise et vous ne
sauriez trop vous en féliciter.

Oui, Messieurs, il est vrai de le dire, vous avez bien
compris, bien rempli votre mandat, mandat important
dont l'obtention est sans contredit un honneur pour
celui qu'en investit la confiance de ses concitoyens,
mais qui par ce fait oblige plus étroitement encore
celui qui l'a reçu. Animés des sentiments de la plus
sympathique déférence pour les appréciations émanées
du premier magistrat du département, vous êtes toujours prêts à lui apporter le concours qu'on peut
attendre de citoyens guidés par l'amour du bien public. Mais ce concours, l'administration ne le veut
qu'éclairé autant que consciencieux, et ce n'est qu'ainsi
que vous savez le donner. Dévoués à un gouvernement

dont la plus constante étude est de doter le pays de ce qui peut le mieux assurer sa prospérité, vous fûtes et vous êtes toujours heureux de lui apporter, dans la modeste sphère de vos attributions, l'assistance d'un loyal et sincère patriotisme.

Ainsi, croyez-vous justement l'avoir fait dans cette occurrence ; prévenir l'erreur, conjurer les dangers qui peuvent menacer la commune, c'est un devoir pour tous, c'est plus spécialement le vôtre. Et, si on a pu craindre que l'accomplissement par vous de ce devoir sacré pût avoir quelque conséquence fâcheuse pour l'exécution du Canal de la Bourne, nul de vous n'a pu partager l'erreur d'une semblable appréciation. Sans doute votre Commission, pas plus que vous, ne peut avoir la prétention de résoudre ce problème difficile; mais tous ensemble nous aurons peut-être placé un jalon qui, s'il n'indique pas la route à suivre, peut au moins signaler celle dans laquelle il pourrait être dangereux de s'engager. Mais, Messieurs, rassurez-vous, vos vœux seront exaucés. Le magistrat éclairé, le haut fonctionnaire appelé récemment à la tête de notre administration départementale, mû par le noble mobile d'assurer la plus forte somme de prospérité à ses administrés, et pensant avec raison en trouver un élément précieux dans l'établissement du Canal de la Bourne, vient de s'entourer d'une réunion d'hommes éclairés appelés à étudier avec lui les meilleurs moyens d'arriver à ce grand et si désirable résultat. M. le Maître des requêtes préfet de la Drôme, formé à la grande école des affaires publiques élaborées au sein du conseil d'État, saura, plus heureux que ses devanciers, mener à bonne fin une entreprise à la quelle tous, cependant, ont apporté leur part de studieuses préoccupations et de laborieuse initiative.

Cette ère nouvelle de la question, nous la saluons de nos vœux les plus sympathiques. Puissent de si généreux efforts être couronnés de la plus heureuse et de la plus prochaine réussite. Et ce souhait ardent que votre commission formule moins vivement encore qu'elle ne le sent, est aussi celui du Conseil municipal tout entier; de ce Conseil voué à tout ce qui peut améliorer et sauvegarder les intérêts dont il est le représentant.

Et cependant, Messieurs, et c'est triste à dire, telle ne serait point l'opinion portée par une partie du public qui a voulu vous représenter comme des hommes systématiquement opposés à l'établissement d'un Canal, dont tous, au contraire, vous seriez heureux de voir le succès. Trompée par une connaissance incomplète de cette affaire, pressée aussi, peut-être, par les trop vives solicitations de désirs légitimes, sans doute, mais trop impatients, l'opinion publique, s'égarant dans un jugement irréfléchi, n'a accordé qu'une censure sans fondement là où mieux instruite elle n'eût eu que des félicitations à donner.

Hommes de cœur, vous avez dû, Messieurs, vous émouvoir, vous affliger même, d'être ainsi méconnus dans vos intentions comme dans vos actes ; mais forts de votre conscience, vous avez pu, sans cesser de regretter l'erreur de ceux qui vous blâment, trouver dans la satisfaction du devoir accompli une consolante compensation à leur injuste critique. Gardiens vigilants non moins qu'éclairés des intérêts de la commune, vous avez su, quand même, la préserver des risques si graves d'une entreprise dont d'autres seuls pouvaient avoir les bénéfices.

Oh ! ce n'est pas sans un pénible étonnement que tous, vous vîtes repousser au nom de MM. Dussard et Sellier le tempérament apporté par votre prudence à ce projet de délibération envoyé par la dépêche préfectorale du 30 août 1864, et dont les termes vous préoccupaient à si juste titre. Vous aviez dû penser que cette stipulation, témoignage de votre sagesse non moins que de la loyauté de vos actes, et par laquelle vous prostestiez que la commune ne voulait garantir aucun emprunt fait par le syndicat, serait acceptée de *tous* comme une franche coopération, sans équivoque possible sur la nature des obligations et des engagements respectivement pris. Vous le deviez penser ainsi et vous ne deviez pas vous attendre à voir cet acte, aussi sagement honnête, interprété comme un acte d'hostilité émanant d'esprits rétrogrades, systématiquement opposés à tout progrès, à tout élément de prospérité pour le pays.

De si injustes appréciations ne sauraient bien certainement vous atteindre, Messieurs, et comme homme privé, il n'est pas un de vous qui ne les envisage comme elles le méritent. Vous avez su faire à votre dignité personnelle le sacrifice de n'y répondre que par votre silence ; mais hommes publics, élus du suffrage de vos concitoyens, attaqués dans l'accomplissement du mandat qu'ils vous ont confié, vous devez à ceux de qui vous le tenez, vous devez à l'honorabilité de vos fonctions municipales, de protester hautement contre des commentaires que la vérité repousse dans le néant d'où ils n'eussent pas dû sortir.

Cependant, Messieurs, l'opinion publique est foncièrement honnête et loyale : égarée un instant, elle peut faire fausse route ; mais éclairée sur son erreur, elle la repousse alors de toute la vigueur de son honnêteté pour reporter toutes ses sympathies à ceux de qui cette erreur seule l'avait séparée.

Mais en fût-il autrement, tout en le déplorant vous sauriez vous inspirer toujours de cette maxime de l'homme de bien qui est aussi la vôtre : *fais ce que dois, advienne que pourra !*

En conséquence, votre commission a l'honneur de vous proposer de prendre une délibération sur les bases qui précèdent.

*Les Membres de la Commission ,*

BERGER.

CHENEVIER.

DE LACHEISSERIE.

VACHER.

Messiphile BONNET, *rapporteur.*

Après cette lecture, M. Tampier, membre du Conseil municipal, ayant obtenu la parole demande le rejet pur et simple des conclusions du rapport, qu'il considère comme dangereuses pour l'établissement du Canal projeté. Cette proposition n'étant appuyée par personne, il n'y est pas donné d'autre suite.

Après quoi, M. Vacher, membre du Conseil municipal et de la Commission du Canal de la Bourne,

A exposé :

Que, n'ayant pu assister à la dernière réunion de la Commission, il avait écrit à M. le Maire pour lui exprimer l'inoportunité d'un rapport et d'une délibération en l'état. Qu'ayant pris connaissance, depuis, du rapport de la Commission, il insiste pour demander l'ajournement de toute délibération jusqu'à ce que la Commission nommée par M. le Préfet ait pris une décision par suite d'une conférence qui doit avoir lieu entre M. l'ingénieur en chef de Montron et MM. Dussart et Sellier ; — qu'il considère comme dangereuse, pour le succès du Canal de la Bourne, la publication du rapport de la Commission qui, d'après lui, renferme des erreurs, tant sur le projet que sur la législation des syndicats.

Le Conseil municipal, après avoir ouï la lecture du rapport de la Commission et M. Vacher dans ses observations,

Considérant que le Conseil municipal est saisi d'un projet, qui lui a été régulièrement déféré, qui a été l'objet d'un sérieux examen et sur lequel il importe de statuer ;

Que le projet nouveau qui s'élabore doit être établi sur des bases nécessairement autres ; qu'ainsi, dès à présent, le système soumis à la délibération du Conseil municipal doit recevoir une solution qui ne saurait en rien préjudicier à un projet complètement distinct, sans doute, mais en l'état inconnu.

Repousse par treize voix contre quatre la demande d'ajournement ;

Et, statuant au fond, dit qu'il n'y a lieu d'accéder à

la demande de participation de la commune au syndicat proposé pour le Canal de la Bourne, dans les
conditions énoncées aux dépêches de M. le Préfet dela
Drôme, aux dates des 30 août et 29 septembre 1864.

Le Conseil tout entier émet, de plus fort, le vœu que
les nouvelles études auxquelles il est procédé en ce
moment sous la haute direction de M. le Maître des
requêtes, Préfet de la Drôme, puissent amener une
solution conciliant tous les intérêts, répondant aux désirs
de tous, le bien du pays, et pouvant à ce titre être
acceptée avec empressement par le Conseil municipal,
au nom de la commune.

Et, dans un but d'utile publicité, ordonne l'impres-
sion du rapport qui précède et de la présente délibération.